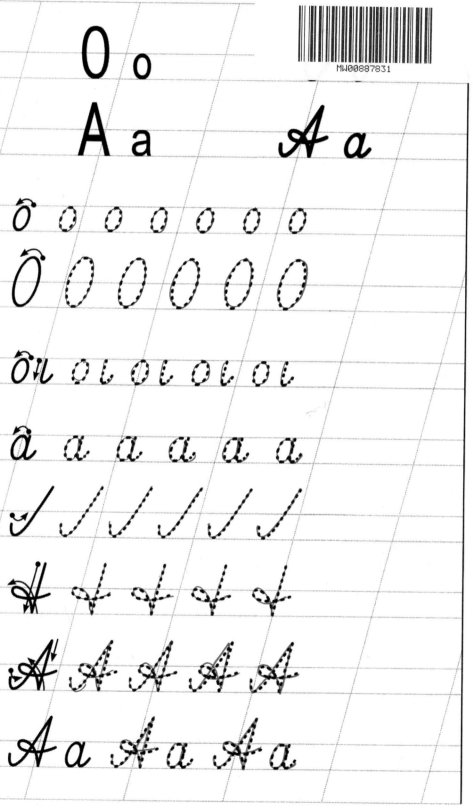

Ии $\mathscr{U}$ и

ии   ии   ии   ии

ии   ии   ии   ии   ии   ии

ио   ио   ио   ио

иа   иа   иа   иа

ои   ои   ои   ои

аи   аи   аи   аи

$\mathscr{U}$ $\mathscr{U}$ $\mathscr{U}$ $\mathscr{U}$

$\mathscr{U}$ $\mathscr{U}$ $\mathscr{U}$ $\mathscr{U}$ $\mathscr{U}$

$\mathscr{U}$ и $\mathscr{U}$ и $\mathscr{U}$ и

2

У у   У у

у у у у у у у у у у

у у у у у у у у у у

оу оу оу оу

ау ау ау ау

уо уо уо уо

уа уа уа уа

Уу Уу Уу Уу

У У У У У У

Уа Уа Уа Уа

3

Лл *Л л*

л л л л л

л л л л л

ло ло ло ло

ла ла ла ла

лу лу лу лу

ли ли ли ли

Л Л Л Л Л

Л Л Л Л

Л л Л л Л л

4

М м *М м*

ил ил ил ил ил ил

м м м м м

мо мо мо мо

ма ма ма ма

му му му му

ми ми ми ми

М М М

М М М

М м М м

Сс   *Сс*

с с с с с с с

со со со со

са са са са

су су су су

си си си си

ом ом ом ом

сом сом сом

С С С С С

Сс Сс Сс Сс

Гг   *Гг*

г г г г г г г г

го го го го го

га га га га га

гу гу гу гу гу

гс гс гс гс гс

гси гси гси

ги ги ги ги ги

Г Г Г Г Г

Гг Гг Гг Гг Гг

П п *П п*

п п п п п п п п п п п п

п п п п п п п

по по по по по

па па па па па

пу пу пу пу

пи пи пи пи

пил пил пил

П П П П П

П п П п П п

Т т   *Ⅲ т*

т т т т т т т т т

т т т т т

то то то то

та та та та

ту ту ту ту

ти ти ти ти

там там там

Ⅲ Ⅲ Ⅲ Ⅲ

Ⅲ т Ⅲ т

Н н *Н н*

н н н н н н н н

н н н н н н н н

но но но но но

на на на на на

ну ну ну ну

ни ни ни ни

Н Н Н Н Н

Н Н Н Н Н

Н н Н н Н н

Р р $\mathcal{P}$ р

р р р р р р

р р р р р р

ро ро ро ро ро

ра ра ра ра ра

ру ру ру ру

ри ри ри ри

рама рама

$\mathcal{P}$ $\mathcal{P}$ $\mathcal{P}$ $\mathcal{P}$ $\mathcal{P}$

Рома Рома

Ш ш Ш ш

ши ши ши ши

ши ши ши ши ши

шо шо шо шо

ша ша ша ша

шу шу шу шу

шш шш шш шш

шар шар шар

Ш Ш Ш Ш

Ш Ш Ш Ш

Ы   ы

ы ы ы ы ы

ы ы ы ы ы ы

лы лы лы лы

мы мы мы

пы пы пы пы

ры ры ры ры

сы сы сы сы

ны ны ны ны

сын сын сын

В в *В в в*

Во во во во

В в в в в в в

во во во во во

ва ва ва ва ва

бу бу бу бу

ви ви ви ви

вы вы вы вы

ВЗ ВЗ ВЗ ВЗ

В В В В В

Д д *Д Д д*

оу оу оу оу оу

д д д д д д д

до до до до до

да да да да да

ду ду ду ду

ди ди ди ди

ды ды ды ды

Д Д Д Д

Д Д Д Д Д

Е е *Е е*

Ё ё *Ё ё*

е е е е е е е е

ё ё ё ё ё ё ё ё

ле лё ле лё

ме мё ме мё

пе пё пе пё

ре рё ре рё

не нё не нё

лес лес лес

16

ше шё ше шё

ве вё ве вё

де дё де дё

мел мел мел

лето лето

пёс пёс пёс

нёс нёс нёс

Ё Ё Ё Ё Ё

Ё Ё Ё Ё Ё

Ёе Ёе Ёе Ёе

К к   К к

к г г г г г

к к к к к к к

ко ко   ка ка

ку ку   ки ки

ке ке ке ке ке

кино кино кино

К к к к к

К К К К К

К к К к К к

18

Б б　　Б б

б‚ о‚ о‚ о‚ о‚ о‚ о‚

б‚ б‚ б‚ б‚ б‚ б‚ б‚

бо бо　　ба ба

би би　　бу бу

бы бы бы бы

бе бе　　бё бё

ѣ ь ь ь ь ь

Ъ Ъ Ъ Ъ Ъ

Б б Б б Б б

З з   З з

З з з з з з

З з з з з з з

зо зо зо зо зо

за за за за за

зу зу   зи зи

зы зы зы зы

зе зе   зе зе

З 3 3 3 3 3

Зз 3з 3з 3з

Й   й

й й й й й й й

май май май

лай лай лай

рой рой рой

пой пой пой

вой вой вой

мой мой мой

синий синий

белый белый

Цц   Цц

Цц Цц Цц Цц Цц

Цу Цу Цу Цу Цу

цо цо цо цо

ца ца ца ца

цу цу цу Цц цц цц

цы цы цы Цe цe цe

Цц Цу Цу Цу Цу

Цу Цу Цу Цу Цу

Цу Цу Цу цу Цу цу

Щ щ   Щу щу

Щу щу щу щу

Щу щу щу щу щу

Що що що що

ща ща ща ща

щу щу Щи щи щи

Щё щё щё Щё щё щё

щ щ щ щ щ щ щ щ

Щ Щу Щу Щу

Щу щу Щу щ

Хх   *Хх*

х х х х х х

х х х х х х х

хо хо хо хо

ха ха ха ха

ху ху ху хи хи

хе хе хе хе хе хе

Х Х Х Х

Х Х Х Х Х

Х х Х х х Х х

Ж ж   Ж ж

эжс эжс эжс эжс

эж эж эж эж эж

жо жо жо

жа жа жа

жу жу жи жи

же же жё жё жё

эжс эжс эжс

Ж Ж Ж Ж

Ж ж Ж ж

Ч ч   Ч ч

ч ч ч ч ч ч

ч ч ч ч ч ч

чо чо чо чо чо

ча ча ча ча ча

чу чу чу   чи чи чи

чи чи чи   чё чё чё

Ч ч ч ч ч ч

Ч ч ч ч ч ч

Ч Ч ч ч ч ч

Э э   Э э

Э э э э э э э э

эра эра эра

эта эта эта

эти эти эти

элу элу элу

этот этот

эхо эхо эхо

Э э э э э э

Э э Э э Э э Э э

Ф ф   *Ф* *ф*

б/б   о/о   о/о   о/о

ф   ф   ф   ф   ф   ф

фо   фо   фо   фо

фа   фа   фа   фа

фу   фу   фу   фи   фи

фы   фт   фт   фе   фе

б/б   о/о   о/о   о/о

ф   ф   ф   ф   ф   ф

Ф *ф*   *Ф* *ф*   *Ф* *ф*

28

Ю ю   Ю ю

ю о ю ю ю ю

ю ю ю ю ю ю ю

лю лю лю лю лю

пю пю пю рю рю

сю сю сю бю бю

дю дю дю зю зю

Ю Ю Ю Ю Ю

Ю Ю Ю Ю

Ю ю Ю ю Ю ю

Я я   Я я

яя яя яя яя яя яя

я я я я я я я я я

ля ля ля мя мя мя

вя вя вя дя дя дя

пя пя пя тя тя тя

ря ря ря ся ся ся

Яя Яя Яя Яя

Я я я я я я я

Я я Я я Я я

ь   ь ь

ь ь ь ь ь ь ь ь ь ь ь ь

пень пень пень

день день день

лень лень лень

ы ы ы ы ы ы ы ы ы ы

пеньки пеньки

деньки деньки

воробьи воробьи

банька банька

Ъ   ъ ъ

ъ ъ ъ ъ ъ ъ ъ

объяснил *объяснил*

объявил *объявил*

ъ ъ ъ ъ ъ ъ ъ

съел *съел*

подъезд *подъезд*

въехал *въехал*

подъехал *подъехал*

съехал *съехал*

Made in United States
North Haven, CT
04 April 2022

17866655R00020